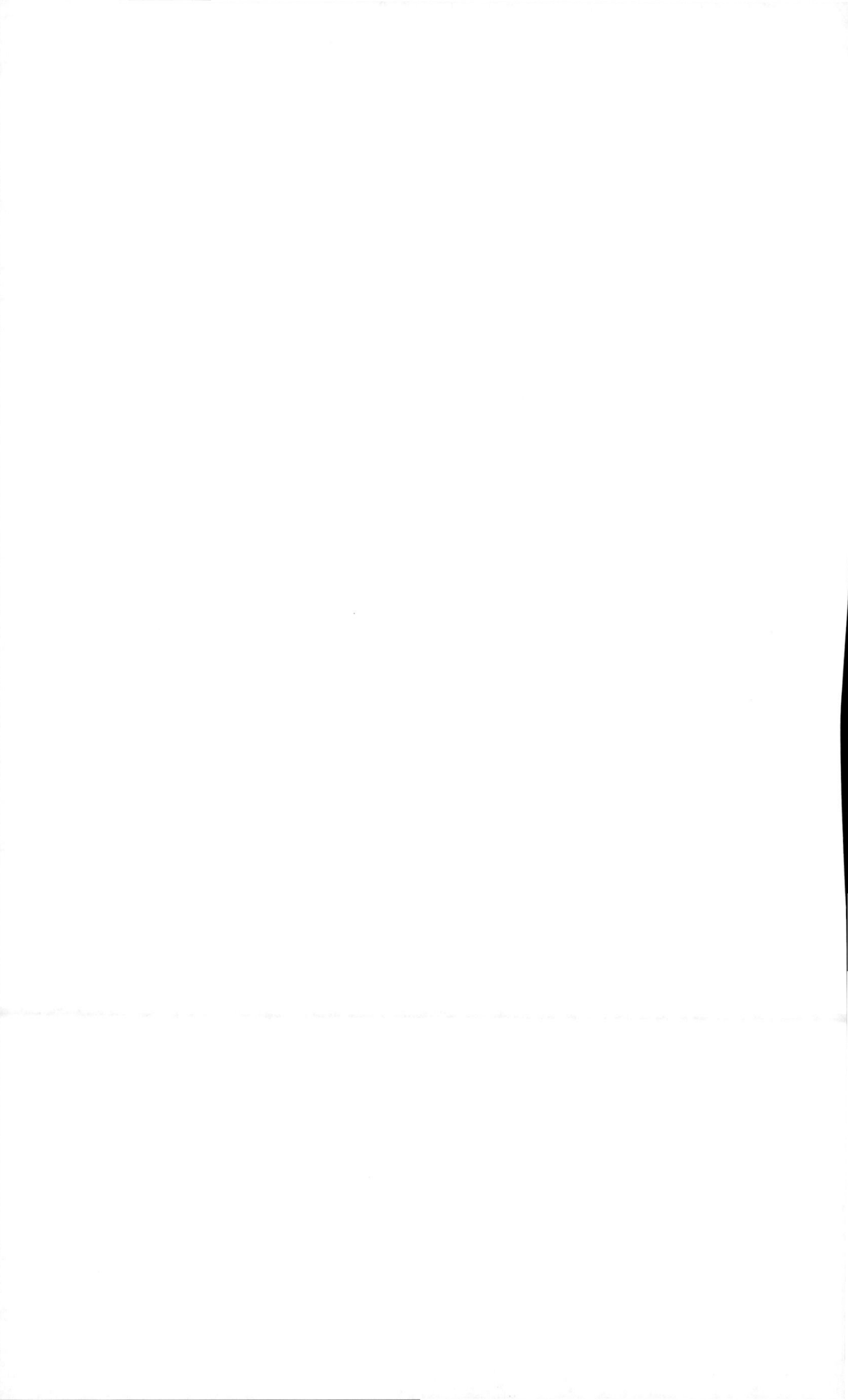

CATALOGUE

DE

DESSINS

AQUARELLES, GOUACHES, PASTELS

PAR

Ph. Caresme, Fragonard
Huet, van Goyen, Lancret, Lantara, van der Meulen
Moreau, etc.

SEIZE CURIEUX DESSINS DE MODE
Du temps de Louis XVI

MINIATURES

ÉMAUX — FIXÉS — PEINTURES A L'HUILE — CADRES SCULPTÉS

ESTAMPES ANCIENNES

Portraits et Pièces en couleur de l'École française

DONT LA VENTE AURA LIEU

HOTEL DROUOT, SALLE N° 4

Le Lundi 8 Novembre 1875

A UNE HEURE ET DEMIE

Mᵉ **MAURICE DELESTRE**, Commissaire-Priseur,
Successeur de M. DELBERGUE-CORMONT,
rue Drouot, 23,

Assisté de **MM. DHIOS** et **GEORGE**, Experts, rue Le Peletier, 33,
CHEZ LESQUELS SE DISTRIBUE LE CATALOGUE.

EXPOSITION PUBLIQUE

Le Dimanche 7 Novembre 1875, de une heure à cinq heures.

PARIS — 1875

V⁰ᵉ RENOU, MAULDE et COCK

IMPRIMEURS DE LA COMPAGNIE DES COMMISSAIRES-PRISEURS

Rue de Rivoli, 144

CATALOGUE

DE

DESSINS

AQUARELLES, GOUACHES, PASTELS

PAR

Ph. Caresme, Fragonard
Huet, van Goyen, Lancret, Lantara, van der Meulen
Moreau, etc.

SEIZE CURIEUX DESSINS DE MODE
Du temps de Louis XVI

MINIATURES

ÉMAUX — FIXÉS — PEINTURES A L'HUILE — CADRES SCULPTÉS

ESTAMPES ANCIENNES

Portraits et Pièces en couleur de l'École française

DONT LA VENTE AURA LIEU

HOTEL DROUOT, SALLE N° 4

Le Lundi 8 Novembre 1875

A UNE HEURE ET DEMIE

M° **Maurice DELESTRE**, Commissaire-Priseur,
Successeur de M. Delbergue-Cormont,
rue Drouot, 23,

Assisté de **MM. DHIOS** et **GEORGE**, Experts, rue Le Peletier, 33,

CHEZ LESQUELS SE DISTRIBUE LE CATALOGUE.

EXPOSITION PUBLIQUE

Le Dimanche 7 Novembre 1875, de une heure à cinq heures.

PARIS — 1875

CONDITIONS DE LA VENTE

Elle sera faite au comptant.

Les Acquéreurs paieront, en sus des adjudications, CINQ CENTIMES PAR FRANC, applicables aux frais.

ORDRE DE LA VACATION

Estampes, Dessins, Miniatures

L'Expert se réserve la faculté de réunir ou de diviser les lots

DÉSIGNATION

ESTAMPES

1 — **Boissieu.** Cinq Eaux-fortes. Grandes pièces.

2 — **Boucher** et **Leclerc** (S.). Trois pièces.

3 — **Callot.** Parterre du palais de Nancy.

4 — **Copia,** d'après Prudhon. L'Amour enchaîné.

5 — **Parcy** (Comte de), d'après Fragonard. Le Songe. Pièce imprimée au bistre.

6 — **Daullé** et autres. Gentil-Bernard, Boileau et Barrême. Trois pièces.

7 — **Decamps, Devéria** et **Marvy.** Dix-huit Lithographies et Eaux-fortes.

8 — **Demarteau,** d'après Boucher. Vénus et l'Amour et Nymphes au bain. Deux pièces avec marge, fac-simile de sanguine.

9 — **Demarteau,** d'après Boucher. Quatre Pièces, fac-simile de sanguine et une pièce, par Bonnet.

10 — **Demarteau,** d'après Boucher. Tête de jeune fille, pièce en couleur, et la Tête du paralytique, d'après Greuze, par Janinet.

11 — **Guérin,** d'après Corrège. L'Amour désarmé.

12 — **Guigou** et **Debon.** Sept Eaux-fortes. Belles épreuves d'artiste.

13 — **Janinet**, d'après Robert. Colonnade du palais Médicis et Ruines du palais du pape Jules. Deux pièces en couleur.

14 — **Jazet**. Louis XVI et le duc d'Enghien.

15 — **Larmessin, Jeaurat, Lépicié** et autres. Huit Portraits d'artiste : Bertin, Bouchardon, Breughel, Jeaurat, Hallé, Jouvenet, Reynolds, Titien.

16 — **Loo** (D'après van). Conversation espagnole et la Lecture. Gravé par Beauvarlet.

17 — **Nanteuil** (R.). P. Seguier de Saint-Brisson, prévost de Paris. Belle épreuve.

18 — **Nanteuil** et **Boilly**. Henri de La Tour d'Auvergne, J. marquis de Castelnau, le comte de Verneuil. Trois pièces.

19 — **Beauvarlet**, d'après Bourdon. Molière. Très-belle épreuve avant toute lettre.

20 — **O'Connell** (Mme). Suite de six Eaux-fortes. Belles et rares épreuves.

21 — **O'Connell** (Mme). Passe-Partout contenant cinq eaux-fortes.

22 — **Ostade** (A. van). Sept Eaux-fortes : Boulanger sonnant du cornet, le Charlatan, les deux Commères, la Dévideuse, le Coup de couteau, le Charcutier, le Joueur de violon bossu.

23 — **Queverdo**. Henri IV et Gabrielle d'Estrées.

24 — **Robert** (D'après). Paysage et Architecture. Deux petites pièces en couleur.

25 — **Sergent**. Portrait de Valentin Haüy. Pièce en couleur.

26 — **Watteau**. Cinq Pièces variées.

27 — **Wierix** et autres. Quatre Pièces, portraits historiques : Isabelle, duc de Farnèse, etc.

28 — Deux Pièces en couleur.

29 — La Fontaine d'Amours. Petite gravure pour calendrier.

30 · – **École allemande**. Quinze Pièces.
31 — Deux Gravures encadrées.
32 — Différentes manières d'orner les cheminées et les autres parties des édifices. Recueil d'estampes in-fol.

DESSINS, AQUARELLES, GOUACHES

33 — **Aubry**. Intérieur de villageois. Sanguine.
34 — **Baur** (Willem). Petite Gouache : la Résurrection du Christ, avec quantité de figures.
35 — **Bega** (Cornille). Fumeur assis. Crayon noir avec rehauts de blanc.
36 — **Bellangé** (H.). Conscrits à l'exercice. Dessin à la mine de plomb.
37 — **Berghem**. Étude de moutons. Dessin au crayon.
38 — **Boucher**. Main appuyée sur un sein. Étude aux trois crayons.
39 — **Breughel**. Deux petites Gouaches : Paysages et Figures.
40 — **Caresme** (Ph.), 1780. Extérieur de cabaret. Aquarelle.
41 —   **Id.**   La Visite indiscrète.
42 —   **Id,**   L'Audacieux pardonné.
Deux charmants dessins au crayon, très-finis, et rehaussés de blanc au pinceau. Ils sont signés et datés 1789.
43 — **Cicéri** (E.), 1839. Village au bord d'une route. Aquarelle.
44 — **Collmann**. Types d'ouvriers russes. Cinq aquarelles.
45 — **Colonia**. Étude de chèvres. Gouache.

46 — **Couturier.** Étude de troncs d'arbres. Deux aquarelles.

47 — **Darcy.** Les Forgerons. Aquarelle.

48 — **Daverdoing.** Jeune Fille à la fontaine. Mine de plomb rehaussée de blanc.

49 — **De Levallée Poussin** (Rome, 1766). Offrande à Vénus. Beau dessin à la plume et au bistre, rehaussé de blanc.

50 — **Desfriches.** Deux Paysages à la mine de plomb.

51 — **De Non.** Voltaire à Ferney. Plume et lavis.

52 — **Desrais.** Suite intéressante de seize Dessins de mode du temps de Louis XVI, représentant de jeunes et jolies femmes portant les coiffures les plus en vogue, telles que : bonnets à la cornette de France, à la glorieuse, à l'heureux destin, à la Mirza, chapeau à la grenade, coiffure à la grecque, etc., etc. Charmants dessins à la plume, lavés d'encre de Chine et de sépia. Ils seront vendus en un seul lot.

53 — **Drouais** (École de). Portrait de petit garçon. Pastel ovale.

54 — **Eckard** (G.-L.), 1764. Mendiant. Crayons noir et blanc.

55 — **Fragonard.** Intérieur de parc, avec terrasse circulaire, statues, fontaine, etc. Grand et beau dessin à la sanguine.

56 — **G. B.,** 1839. Femme italienne. Dessin rehaussé.

57 — **Goltzius** (H.). Le Joueur de cornemuse. Plume.

58 — **Goyen** (Jan van). Cabanes et Villageois au bord d'une rivière. Beau dessin au crayon et au lavis. Monogramme et date 1630.

59 — **Goyen** (Van). Rivière et Arbres. Crayon.

60 — **Hackert.** Paysage et Animaux. Petite gouache signée Jean Hackert f., 1768.

61 — **Heyden** (École de van der). Porte de ville. Dessin à
l'encre de Chine.

62 — **Huet** (J.-B.). L'Amour et la Folie, Nymphe pour-
suivie par l'Amour, Offrande à Bacchus. Trois
gracieux dessins à la plume et au lavis, signés
et datés 1786.

63 — **Huet.** Paysage : Muletiers au pied d'un rocher.
Sépia rehaussée de blanc.

64 — **Inconnu.** Allégorie sur la religion. Plume et lavis.

65 — **Joubert** (Signé). Adam et Ève dans le paradis.
Deux gouaches.

66 — **Juliard.** Le Moulin à eau. Aquarelle.

67 — **Lancret.** Personnages debout. Trois études à la
sanguine.

68 — **Lantara.** Deux petits Paysages très-finement
dessinés.

69 — **Lawreince.** Jeune Femme à sa toilette. Plume et
sépia.

70 — **Marillier.** Offrande à l'Amour. Sépia.

71 —   **Id.**   La Déclaration. Plume et lavis.

72 — **Meulen** (Van der). Siége d'une ville par Louis XIV.
Beau dessin à la plume et à l'encre de Chine.

73 — **Meulen** (Van der). Choc de cavalerie. Sanguine.

74 — **Molenaer** (K.). Patineurs. Aquarelle.

75 — **Mongin.** Quatre Paysages avec temples, mou-
lins, etc. Gouaches.

76 — **Moreau** (L.). Paysage. Porte d'un parc. On lit sur
un poteau : « L'on entre pas ici sans permission
du prince (1787). » Grande gouache.

77 — **Moreau** (J.-M.) le jeune, 1776. Sujet tiré de
l'Illiade. Plume et sépia.

78 — **Noël.** Les Pêcheurs. Crayon.

79 — **Ozanne.** Pêcheurs au bord d'une rivière. Plume
et encre de Chine.

80 — **Pezous (J.).** Artilleurs et Soldats de la ligne. Deux dessins à la mine de plomb.

81 — **Pierre (J.-B.-M.).** Danse de bergers. Sanguine.

82 — **Piette.** La Gardeuse d'oies. Gouache.

83 — **Pillement.** Pont près de rochers. Petite gouache.

84 — **Robert (H.).** Un Croquis d'architecture et deux contre-épreuves.

85 — **Ruysdaël (S.).** Rivière de Hollande, avec embarcations. Sépia.

86 — **Saint-Quentin** (Signé). Les Baigneuses. Grande gouache.

87 — **Saint-Quentin.** Bestiaux sous un pont. Gouache.

88 — **Watteau de Lille.** Marché aux légumes et Joueur de tambourin. Deux dessins.

89 — **École française.** Allégorie relative à la naissance d'un Dauphin de France. Motif de plafond. Très-belle Gouache de forme ovale.

90 —   **Id.**   Jeune Femme attachant sa jarretière. Sanguine.

91 —   **Id.**   Jeune Fille repoussant l'Amour. Belle aquarelle.

92 —   **Id.**   Jeune Femme tenant une mandoline. Pastel.

93 — Deux anciennes Gouaches. Paysages.

94 — **École française.** Huit Dessins.

95 —   **Id.**   Palais en ruines. Deux petits dessins à l'encre de Chine.

96 — Jeune Fille tenant un chat. Petit dessin dans le goût de Mlle Gérard.

97 — **Bel Album chinois,** composé de trente-huit dessins en couleurs, d'une exécution très-soignée : Combats de cavaliers, Cérémonies, Travaux des champs, etc., etc.

MINIATURES, ÉMAUX, OBJETS VARIÉS

98 —- **Hall.** Portrait de Voltaire. Petite miniature sur
ivoire de forme ovale.

99 — **Hoin** (B.) *pinxit*, 1781. Portrait de jeune femme du
temps de Louis XVI : fleurs dans les cheveux,
collier de perles, peignoir en batiste. Charmante
miniature, de forme ronde, qui rappelle les
œuvres de Hall.

100 — **Rosalba.** Portrait de jeune femme : cheveux pou-
drés, robe de soie bleue entr'ouverte bordée de
rubans de satin rouge. Jolie miniature sur ivoire
de forme ovale.

101 — Autre Portrait de jeune femme du temps de
Louis XV : robe décolletée, rose au corsage.

102 — **Miniature.** Portrait de jeune femme coiffée d'un
chapeau de paille et tenant une cor-
beille de fleurs.

103 — **Id.** Portrait de jeune femme représentée
en Madeleine (époque Louis XV).

104 — **Id.** Portrait d'homme en costume polonais.

105 — **Id.** Le Nid d'Amours et la Peinture. Deux
miniatures en grisaille.

106 — **Id.** La Confession.

107 — **Id.** Nymphe et Amour.

108 — **Id.** Jeune Femme endormie.

109 — **Sicardi.** Jeune Fille montrant une négresse. Peinture sur émail, de forme ronde.

110 — **Id.** Amours jouant avec des colombes. Émail
en camaïeu (époque Louis XV).

111 — **Id.** L'Entretien galant. Émail, de forme ronde,
dans le goût de Boucher.

112 — Amour assis et la Promenade. Deux petits émaux.

113 — Portrait de Femme du temps de Louis XIV et Tête de jeune fille. Deux petits émaux.

114 — Deux Peintures sur porcelaine et un émail : Sujets mythologiques et paysage.

115 — Trois Miniatures : Deux Portraits de jeunes filles et une Scène de famille.

116 — Huit pièces : Camée, Bas-relief, Boîtes, Monture de bonbonnière en argent émaillé, etc.

117 — **Fixé.** Corbeille de fleurs, attribuée à van Daël.

118 — **Sauvage.** Scènes antiques. Deux miniatures en grisaille. Signées.

119 — Portrait de jeune Femme, bonnet à rubans bleus (époque Louis XVI). Petite miniature ovale.

120 — Portrait de Femme enveloppée d'une mante noire (époque Louis XVI). Miniature ayant la forme d'un cœur.

121 — Médaillon : Les trois Parques. Miniature en grisaille.

122 — Sacrifice antique. Miniature en grisaille, dans le goût de Clodion.

123 — Nymphe et Amours. Miniature de forme ronde.

124 — **Deux Miniatures.** Groupe d'Amours, les Beaux-Arts et le Couple amoureux. Cadres Louis XVI en bronze.

125 — **Sept Miniatures** sur vélin. Sujets du nouveau Testament (xvi⁰ siècle).

126 — **Trois Miniatures** sur vélin. Sainte Madeleine et sainte Geneviève.

127 — **Tête de jeune Fille**. Peinture sur porcelaine.

128 — **École italienne**. Saint Jérôme. Peinture sur cuivre.

129 — **Canella** (P.) Vue du Monastère de San Lorenzo de l'Escurial. Petite peinture à l'huile, dans un cadre en bois très-finement sculpté.

130 — **Fragonard**. Jeune Fille mettant des fleurs dans sa coiffure. Esquisse à l'huile.

131 — **Lépicié** (Genre de). Tête de jeune Garçon, de profil. Peinture à l'huile.

132 — **Peinture à l'huile**. Portrait de Femme (époque Louis XIII).

133 — **École française**. Jeune Femme agaçant un chien avec son éventail. Costume du Directoire.

134 —   **Id.**   Vénus et Adonis. Peinture à l'huile.

135 — **Diétrich**. Chute d'eau et Rochers. Petite peinture à l'huile.

136 — **Eisen** (Charles). Deux Bustes de rabbin. Petites peintures sur panneaux, d'une exécution légère et facile.

137 — **Avercamp**. Les Patineurs. Nombreux personnages sur un canal glacé. Dans le fond, une ville de Hollande. Petite peinture à l'huile.

138 — **Franck**. Descente de croix. Petite peinture dans un cadre sculpté.

139 — **Cadre** ovale en bois sculpté et doré, surmonté d'enfants supportant une couronne.

140 — **Petit Cadre** en bois sculpté, du temps de Louis XVI, surmonté d'un nœud de rubans et de fleurs.

141 — **Autre Cadre Louis XVI**, de même modèle et plus petit.

142 — **Trois Cadres** anciens en écaille, à cabochons et marqueterie.

143 — **Petit Cadre** finement sculpté (époque Louis XV).

144 — **Deux très-petits Paysages** dans des cadres en bois sculpté (époque Louis XIV).

Vᵉˢ RENOU, MAULDE et COCK, imprˢ de la Compagnie des Commissaires-Priseurs, Rue de Rivoli, 144.   58850